first word search

Words to Learn

Illustrated by
Gary Lacoste

STERLING

New York / London
www.sterlingpublishing.com/kids

STERLING and the distinctive Sterling logo are registered trademarks of Sterling Publishing Co., Inc.

Lot #:
10 9 8 7 6 5 4
12/13
Published by Sterling Publishing Co., Inc.
387 Park Avenue South, New York, NY 10016

© 2008 by Sterling Publishing Co., Inc.
Illustrations © 2008 by Gary LaCoste

Distributed in Canada by Sterling Publishing
c/o Canadian Manda Group, 165 Dufferin Street
Toronto, Ontario, Canada M6K 3H6
Distributed in Australia by Capricorn Link (Australia) Pty. Ltd.
P.O. Box 704, Windsor, NSW 2756, Australia

Manufactured in Canada
All rights reserved.

Sterling ISBN 978-1-4027-7809-4

For information about custom editions, special sales, premium and
corporate purchases, please contact Sterling Special Sales
Department at 800-805-5489 or specialsales@sterlingpublishing.com.

A Note to Parents:

Word search puzzles are both great teaching tools and lots of fun. After reading the word and spelling it out loud, have your child search for it in the grid. Then once it's found, have your child use the word in a sentence. This will help to reinforce vocabulary and grammatical skills.

Directions:

Each puzzle consists of a letter grid and a word list at the bottom of the grid. Each word can be found somewhere in the letter grid. The tricky part is that a word can appear reading across, down, or diagonally. There are many different ways to search for a word. A few hints: first look for words that go across; words that go down; or words with unusual letters in them, like Q, Z, X, or J. Once the word is found, draw a circle around it. It's also a good idea to cross out the words from the word list once you've found them so that no time is wasted searching for the same word twice. Once all of the words have been found, check in the answer section to see if they are right. That's all there is to it!

Good luck and have fun!

After School Snacks

```
Z  C  H  I  P  S  F  T  R
T  T  C  O  O  K  I  E  P
C  O  R  A  N  G  E  R  R
H  B  A  N  A  N  A  E  E
E  R  W  S  Y  N  K  L  T
E  V  P  R  T  C  P  M  Z
S  D  C  E  A  P  K  P  E
E  G  M  R  A  G  T  F  L
G  K  C  B  Q  R  K  J  S
```

apple
banana
cheese
chips
cookie

cracker
orange
pear
pretzels
toast

At the Theater

M	Z	A	C	T	R	E	S	S
A	R	V	T	C	R	H	H	Z
K	T	S	T	O	R	X	O	K
E	S	N	T	I	F	O	W	X
U	D	C	K	A	C	L	W	W
P	A	S	R	Y	G	K	T	D
N	A	K	L	I	Z	E	E	K
M	Q	P	H	W	P	M	B	T
D	K	R	O	L	E	T	K	M

actor
actress
crowd
makeup
mask

role
script
show
stage
ticket

Baking

```
M  D  W  F  R  T  Q  V  T
L  M  I  T  T  S  G  T  H
G  J  G  S  T  R  F  K  F
C  Q  K  N  H  L  L  T  M
O  Y  A  M  W  I  O  N  K
V  P  X  O  M  F  U  V  J
E  T  B  T  I  Q  R  V  M
N  R  C  U  P  L  G  Q  H
L  L  Z  S  P  O  O  N  L
```

bowl	mitts
cup	oil
dish	oven
flour	pan
milk	spoon

Big, Beautiful Sky

```
L  I  G  H  T  N  I  N  G
S  T  B  R  I  G  H  T  W
T  H  G  M  K  K  L  H  D
O  U  C  S  F  G  Q  E  J
R  N  U  L  M  R  U  H  H
M  D  D  R  O  L  A  Z  J
Q  E  A  K  B  U  T  I  K
K  R  W  V  K  B  D  M  N
S  U  N  R  I  S  E  Y  D
```

blue
bright
cloudy
dawn
dusk

lightning
rain
storm
sunrise
thunder

Changing Seasons

```
R  W  S  N  O  W  Y  N  T
L  M  I  W  L  N  X  F  D
P  J  J  N  N  T  Z  U  S
S  J  L  U  T  W  B  R  U
W  P  S  E  N  E  T  A  M
R  J  R  N  A  E  R  I  M
J  N  Z  I  E  V  W  N  E
F  A  L  L  N  L  E  L  R
G  R  S  N  V  G  V  S  P
```

bud	snow
fall	spring
leaves	summer
rain	sunny
sleet	winter

Colors

```
N  B  M  P  I  N  K  K  W
Q  Z  R  V  Z  C  J  O  M
P  G  C  O  A  B  L  U  E
Z  R  P  L  W  L  N  G  L
L  E  B  U  E  N  N  J  E
Y  E  K  Y  R  A  L  T  H
Z  N  L  M  R  P  I  P  R
N  T  V  O  L  H  L  T  E
F  M  X  M  W  R  D  E  D
```

black	pink
blue	purple
brown	red
green	white
orange	yellow

Countries

```
E  Y  M  E  X  I  C  O  P
N  C  G  R  R  B  L  T  E
G  M  H  T  S  I  M  C  J
L  I  N  I  Z  P  N  P  A
A  B  N  A  N  A  A  G  P
N  K  R  D  R  A  V  I  A
D  B  R  F  I  D  N  L  N
D  G  E  R  M  A  N  Y  Q
L  L  C  A  N  A  D  A  G
```

Brazil
Canada
China
England
France

Germany
India
Japan
Mexico
Spain

Different Shapes and Sizes

```
N  T  L  L  Q  M  N  T  S
L  N  A  L  I  G  H  T  M
D  X  R  J  M  G  C  K  A
M  W  G  L  I  C  B  S  L
Q  O  E  B  T  X  S  W  L
H  F  R  Y  H  E  A  V  Y
T  U  N  E  L  Z  W  W  L
P  I  G  K  R  Z  W  R  M
T  M  M  E  D  I  U  M  P
```

big	light
heavy	medium
huge	more
large	small
less	tiny

Draw Something Fun

```
S H T M H C N T E
Q O V A L O L L P
U U K F G E G G E
A S B A L N R Z R
R E T C A O V K S
E C R T G L W K O
O I C H R N L E N
C E D C U B E R R
R T R I A N G L E
```

circle
cube
flower
house
octagon

oval
person
rectangle
square
triangle

Eat Your Veggies!

```
S  Q  U  A  S  H  H  C  M
P  D  C  N  P  C  T  O  P
T  M  A  E  A  E  O  R  O
M  E  C  N  L  R  A  N  T
B  K  I  Z  H  E  P  S  A
J  P  L  S  J  N  R  K  T
S  K  U  Q  L  H  R  Y  O
X  M  G  C  A  R  R  O  T
J  E  G  G  P  L  A  N  T
```

beans
carrot
celery
corn
eggplant

mushroom
peas
potato
spinach
squash

Field Games

```
D  R  M  T  H  F  R  L  Y
F  D  U  C  K  E  W  E  F
V  O  T  G  C  F  K  K  R
K  A  O  C  B  C  H  C  I
C  N  O  T  O  Y  T  C  S
G  S  N  H  B  H  A  T  B
T  H  R  O  W  A  G  H  E
K  I  C  K  B  A  L  L  E
D  O  D  G  E  B  A  L  L
```

catch		kickball
dodgeball		rugby
football		soccer
frisbee		tag
hockey		throw

Fish

```
T U N A N W R T P
K C A T F I S H B
L T F R S D L D S
G P M L H V D T C
C U L N T G U K A
M I P S C O C F L
G B S P R O Q I E
L A G T Y L D N S
B G O L D F I S H
```

bass
catfish
cod
fins
gills

goldfish
guppy
scales
trout
tuna

Flowers

```
Q V P O P P Y L S
L I Q R H P I M U
I O K R I D R L N
L L T L O R C R F
A E U F N S I T L
C T F V J Y E S O
C A K C L L Y J W
D D A I S Y C P E
T M L N N R V X R
```

daffodil
daisy
iris
lilac
lily

poppy
rose
sunflower
tulip
violet

Fourth of July

P F A M I L Y M S

I L P V G R Z K P

C O G A E R R N A

N U J M R O I C R

I D M J W A I L K

C U R E G R D L L

S M R R E B J E E

L I M M M P Z M R

F K A N I G H T S

America
family
fireworks
grill
loud

night
parade
picnic
sparklers
summer

Fun and Silly Patterns

```
S  P  B  N  K  T  D  J  Q
W  L  S  F  L  I  N  R  V
I  A  M  T  L  I  E  K  F
R  I  Z  O  R  K  N  A  N
L  D  S  I  C  I  R  E  T
Y  G  K  E  G  B  P  Q  S
B  L  H  T  E  Z  T  E  J
G  C  W  Z  S  T  A  M  P
D  O  T  T  E  D  K  G  L
```

checker
dotted
lines
plaid
solid

stamp
stripe
swirly
zebra
zigzag

19

Fun Things to Do

```
T  C  B  H  W  R  K  K  Y
C  M  O  P  C  M  E  A  Y
W  J  N  L  O  N  L  A  Q
F  D  R  T  O  P  M  W  D
B  I  K  E  K  R  E  R  W
W  S  D  F  P  K  K  I  N
W  I  K  P  A  I  N  T  J
N  N  V  B  F  H  B  E  Q
M  G  R  T  R  A  V  E  L
```

bake	play
bike	read
color	sing
cook	travel
paint	write

Gardening Tools

```
W E E D E R S S D
P T K K H E D P P
F T A S V V R A R
T R P O H L J D U
K X L O E O K E N
H G J W T X V T E
B W O K L H O E R
L R M K L V Q K L
T X S H E A R S T
```

gloves
hoe
pot
pruner
rake

shears
shovel
spade
trowel
weeder

Getting Dressed

```
J  M  R  J  S  O  C  K  S
W  A  B  S  S  H  I  R  T
M  J  C  T  H  S  G  P  S
D  P  N  K  S  O  J  L  K
Y  A  V  E  E  M  E  V  I
P  Y  R  Q  G  T  A  S  R
V  D  H  A  T  F  N  T  T
V  W  W  D  C  H  S  R  M
U  N  D  E  R  W  E  A  R
```

dress		shirt
hat		shoes
jacket		skirt
jeans		socks
pants		underwear

22

Halloween

```
F  S  K  C  L  K  R  R  C
P  C  W  V  A  M  W  K  O
N  A  T  I  T  R  X  P  S
Y  R  R  S  T  Y  V  R  T
K  Y  O  T  D  C  V  E  U
Q  H  Z  N  Y  V  H  T  M
G  C  A  R  A  M  E  L  E
O  C  T  O  B  E  R  C  X
K  X  P  U  M  P  K  I  N
```

candy
caramel
carve
costume
ghost

October
party
pumpkin
scary
witch

It's a Smelly World!

```
M  D  L  D  R  L  J  E  L
K  P  O  O  F  B  M  M  G
S  O  R  D  M  U  X  N  T
F  N  F  O  F  W  O  G  M
W  Z  I  R  F  R  E  S  H
W  M  E  F  T  N  T  Z  V
E  P  L  S  F  W  O  N  N
A  H  S  C  E  N  T  S  V
K  S  T  I  N  K  Y  Z  E
```

food   scents
fresh   sniff
nose   stinky
odor   strong
perfume   weak

Keeping the House Clean

```
X  S  J  P  B  D  L  M  B
W  O  B  M  M  U  R  A  G
K  A  B  R  U  S  H  L  Q
P  P  B  W  A  T  E  R  N
Y  M  Z  U  M  E  K  N  L
G  B  S  O  C  R  J  E  N
T  D  O  I  Y  K  W  L  P
N  R  N  M  N  O  E  O  X
B  L  R  J  T  K  M  T  V
```

broom
brush
bucket
duster
mop

rag
sink
soap
towel
water

Languages

```
K O R E A N C E V
S R U S S I A N N
F P P D B K K G Q
R Q A A U R G L G
E T R N T T R I E
N A T C I K C S R
C H I N E S E H M
H F K J V R H V A
J A P A N E S E N
```

Arabic
Chinese
Dutch
English
French

German
Japanese
Korean
Russian
Spanish

Let's Go Swimming

```
G J P C W E C K R
N O C O V C C J A
X M G I O I N U F
M V D G K L P M T
W F B T L L F P M
F L I P P E R S P
T U B E G G S G Y
S C P L A K E K L
M D N D R Z L P L
```

dive
flippers
goggles
jump
kick

lake
pool
raft
suit
tube

Let's Keep Fit!

```
B  D  N  M  L  N  T  M  K
F  M  T  J  A  L  I  F  T
N  S  P  O  R  T  S  L  Y
D  L  L  J  J  Z  T  D  M
S  K  A  T  E  K  A  A  P
S  Z  Y  D  Q  M  G  M  N
R  W  Y  R  K  O  U  U  Q
K  L  I  T  Y  J  R  W  P
D  Y  Y  M  N  W  L  K  W
```

jump
lift
mat
play
run

skate
sports
swim
tag
yoga

Mammals Don't Lay Eggs!

```
D  M  G  Q  C  K  Q  T  N
Q  O  R  D  C  A  T  A  K
L  Y  L  J  Q  J  M  Y  O
M  J  R  P  E  U  R  E  A
E  L  E  P  H  A  N  T  L
Z  K  A  L  R  I  J  X  A
T  W  H  A  L  E  N  C  R
Q  K  A  N  G  A  R  O  O
B  A  T  H  Y  J  X  W  T
```

ape
bat
camel
cow
dolphin

elephant
human
kangaroo
koala
whale

Musical Instruments

```
T N K Q D S W H Z
D R U M L Q A A H
T D O L F B R R N
R R E M U L N P O
U B R T B I U N T
M L Y X L O A T K
P Z Z O G I N Z E
E X I W P T Q E L
T V S T I C K S M
```

bells
drum
flute
harp
piano

sticks
trombone
trumpet
tuba
violin

My Calendar

M T T L B Q K H T
N X P T I E L N I
R M T T E S R J M
K O P W N Y T S E
R N L L A Y E A R
D T B D A G X N L
M H R W A N M P X
M R H P H O T O S
T M D A T E S R R

dates	photos
day	plan
list	time
month	week
pages	year

Nature Hike

```
R  M  N  D  W  R  W  S  K
T  W  A  T  E  R  G  D  H
H  L  C  W  P  U  V  I  R
H  Z  O  L  B  A  K  R  C
N  L  P  R  O  P  T  T  F
F  Z  L  Y  B  U  S  H  E
G  R  A  S  S  T  D  E  K
C  D  N  C  V  X  R  B  Y
X  K  T  N  R  T  L  N  K
```

bugs
bush
cloud
dirt
flower

grass
path
plant
tree
water

Outer Space

```
P L A N E T M M X
L C F N E Q Z O S
C P C M R P V O H
Z Q O L N T P N U
R C G A L A X Y T
F I G C R C L I T
S U N A N D B L L
L J T G S R B G E
K S W Q O L V N M
```

comet	planet
galaxy	ring
gas	shuttle
moon	star
orbit	sun

Pets

```
H O R S E E C D R
R T P S K P R B A
Y P U A R I R C B
R O N R B E W L B
M S C A T H D F I
G H V S F L P O T
L R M R I G E X G
D A N Y S M B J T
H R N H H B P R R
```

bird
cat
dog
fish
hamster

horse
mouse
rabbit
snake
turtle

34

Planet Earth

```
F O R E S T T Z I
G R K P H R N O C
X A L X E I N D E
L M R S R A L N B
C L E R C I Q L E
B D D L H Q V S R
W P O N D D G E G
L V Q X T F P A R
G V A L L E Y T T
```

desert	pond
forest	river
hill	sea
iceberg	valley
lake	volcano

Play Date

K L M F O R T F Y
M F P R E T E N D
S P R I N K L E R
S L T I R J S L P
N W I A E K F G L
A L P D C N N A C
C K K O E I D M W
K C L X W R K E L
B B L S P K T S W

blocks
fort
friend
games
park

pretend
slide
snack
sprinkler
swing

Reading

```
T P K S P A C E S
C T A M R J Z J D
G H A G B O O K L
L L A B E L N R E
A B T P C S O W Y
S Z T I T H M Y E
S L E T T E R S S
E T D U G L R F M
S L A L L K E J K
```

author
book
chapter
eyes
glasses

lamp
letters
pages
spaces
title

School Day

```
C  L  I  B  R  A  R  Y  T
L  L  L  M  N  X  Y  R  S
T  D  A  U  R  D  A  S  C
K  E  C  S  N  N  E  T  R
F  S  A  I  S  C  W  T  D
Y  K  L  C  E  R  H  G  M
Z  R  B  R  H  B  O  Y  K
F  L  V  V  V  E  G  O  N
K  V  C  H  A  I  R  R  M
```

art
chair
classroom
desk
gym

library
lunch
music
recess
teacher

Sew Something Special

```
N K B Q K N O T P
P E J U S C B W A
R T E S T U F T T
X I E D X T E Z T
T R C K L K O Q E
D D W V S E M N R
N B L A N K E T N
L R B Y A R N D W
F F M R V J X L N
```

basket
blanket
button
cut
dress

knot
needle
pattern
tie
yarn

St. Patrick's Day

```
M R A I N B O W E
A G D P B T J T G
R X C H Y Z A C O
C L O V E R K H L
H L T G B R S H D
X O U E R I J I G
P G L C R E Q C L
N E J I K W E L T
C H L J N Y K N Z
```

celebrate
clover
gold
green
Irish

jig
lucky
March
pot
rainbow

states We Live In

```
I  D  M  M  A  I  N  E  N  E  N
D  F  V  E  R  M  O  N  T  N  T
A  J  F  Q  Z  S  N  M  T  N  T
H  D  E  L  A  W  A  R  E  R  E
O  T  T  S  O  K  W  T  X
X  Y  N  O  S  R  H  N  A
H  A  D  A  H  A  I  L  S
K  X  L  C  T  I  M  D  C
M  A  X  U  Y  Q  O  T  A
```

Alaska	Maine
Delaware	Ohio
Florida	Texas
Idaho	Utah
Kansas	Vermont

Taking the Dog Out

```
D  V  V  F  M  V  Y  M  S
L  R  D  N  K  R  T  R  I
E  C  O  L  L  A  R  R  D
A  Y  A  R  D  T  T  M  E
S  W  F  M  S  E  L  S  W
H  R  R  E  P  C  A  R  A
D  B  B  N  T  H  O  B  L
M  T  N  Q  C  C  G  O  K
T  K  G  R  U  N  H  N  P
```

chase
collar
fetch
leash
pet

run
scoop
sidewalk
walk
yard

Technology

```
S D B W Y Q A F N
P B P L V R H O Y
E Q T H E I I M E
A Y T M O D D R Y
K T A Z A N I E Z
E C K R P W E L O
R K G T L T A P E
C O M P U T E R C
W N D I G I T A L
```

camera
computer
digital
phone
plug

radio
speaker
tape
video
wire

The Swamp

```
N  J  N  K  R  N  H  M  T
D  A  M  P  G  M  M  L  J
R  N  P  T  A  F  A  T  T
C  I  W  T  T  L  R  M  H
N  E  V  K  O  C  S  O  D
N  M  G  E  R  L  H  A  G
B  O  K  M  R  P  O  N  D
B  M  H  M  T  T  B  K  V
K  T  W  E  T  L  A  N  D
```

bog
damp
frog
gator
marsh

newt
pond
river
toad
wetland

Thirsty for a Drink

```
V Z S H A K E V W
L N K G C X L K S
J E J H I X N M T
S C M M W E F I I
R O L O Z A A L R
T Q D O N E T K R
T N R A T A N E R
F F V L M D D H R
B R R J U I C E C
```

frozen	shake
juice	soda
lemonade	stir
milk	tea
mix	water

Time to Paint

```
L  L  B  M  Y  S  K  J  P
A  S  N  R  A  B  E  P  I
N  P  M  V  U  R  J  A  G
D  L  N  O  U  S  R  L  M
S  A  W  T  C  E  H  L  E
C  T  C  L  T  K  X  E  N
A  I  P  A  G  K  T  T  T
P  L  W  F  I  N  G  E  R
E  P  A  I  N  T  P  K  B
```

brush
canvas
finger
landscape
paint

pallet
picture
pigment
smock
water

Tools

R K M L V R W N S
K F T K E L T R C
N U M H K T N P R
N H S N L N A L E
D A B O X M I K W
W S B Y M V L F P
W H A M M E R N E
N J X W R E N C H
H P L I E R S H D

bolt
hammer
knife
nail
nut

pliers
saw
screw
washer
wrench

Valentine's Day

```
C  F  E  B  R  U  A  R  Y
B  P  D  Y  F  T  D  H  M
L  X  A  Q  R  R  J  E  V
H  Q  T  A  A  H  O  H  W
T  T  E  C  L  P  R  K  K
C  H  O  C  O  L  A  T  E
F  N  T  C  V  O  A  C  K
M  G  K  R  E  B  K  C  K
P  R  E  S  E  N  T  Q  E
```

card
chocolate
cook
date
February

heart
lace
love
poem
present

Ways to Measure

```
Y  S  R  Q  U  A  R  T  R
G  J  C  F  R  D  L  H  F
P  A  P  A  R  U  T  N  Z
R  U  L  A  L  N  L  F  K
C  D  Y  L  I  E  D  E  R
V  T  R  P  O  T  L  I  R
J  Y  T  B  T  N  H  N  K
F  O  O  T  B  L  L  C  B
M  P  N  M  N  M  T  H  T
```

cup	quart
foot	ruler
gallon	scale
inch	ton
pint	yard

Wild Animals

```
J  X  T  P  B  W  O  L  F
C  Y  F  O  X  I  H  M  R
M  T  H  M  N  Z  S  E  X
Q  T  L  I  K  Z  G  O  B
T  T  R  L  P  I  B  T  N
L  D  E  Y  T  P  K  L  R
R  E  J  Z  J  E  O  I  Y
B  E  A  R  P  M  M  O  L
R  R  K  A  P  R  P  N  L
```

ape	fox
bear	hippo
bison	lion
deer	tiger
elk	wolf

Writing

```
N  Q  H  P  A  P  E  R  P
H  F  M  N  E  R  A  S  E
P  N  L  Q  D  N  M  T  N
S  D  G  E  O  E  A  O  C
K  P  C  Y  T  Y  R  R  I
G  N  A  O  Z  T  K  Y  L
F  R  N  C  X  K  E  L  R
C  B  G  Q  E  B  R  R  X
H  W  O  R  D  S  K  R  S
```

crayon
erase
letters
marker
note

paper
pencil
spaces
story
words

Yummy Breakfast Foods

```
Q   V   Y   F   Z   N   K   F   P
N   E   T   M   I   W   L   R   O
Y   H   G   F   R   A   P   U   T
K   O   F   G   N   F   A   I   A
Y   U   G   O   S   F   N   T   T
M   X   C   U   V   L   C   Z   O
D   A   C   E   R   E   A   L   R
B   M   T   W   L   T   K   J   R
F   R   O   A   T   M   E   A   L
```

bacon
cereal
eggs
fruit
muffin

oatmeal
pancake
potato
waffle
yogurt

After School Snacks

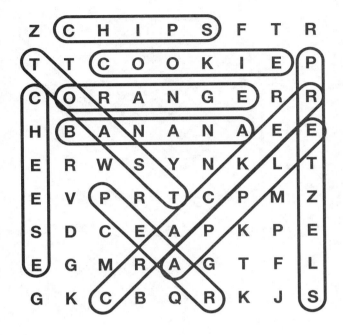

```
Z C H I P S F T R
T T C O O K I E P
C O R A N G E R R
H B A N A N A E E
E R W S Y N K L T
E V P R T C P M Z
S D C E A P K P E
E G M R A G T F L
G K C B Q R K J S
```

At the Theater

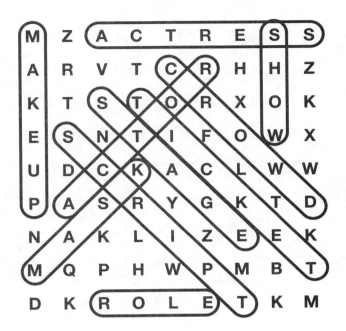

```
M Z A C T R E S S
A R V T C R H H Z
K T S T O R X O K
E S N T I F O W X
U D C K A C L W W
P A S R Y G K T D
N A K L I Z E E K
M Q P H W P M B T
D K R O L E T K M
```

Baking

```
M D W F R T Q V T
L M I T T S G T H
G J G S T R F K F
C Q K N H L L T M
O Y A M W I O N K
V P X O M F U V J
E T B T I Q R V M
N R C U P L G Q H
L L Z S P O O N L
```

Big, Beautiful Sky

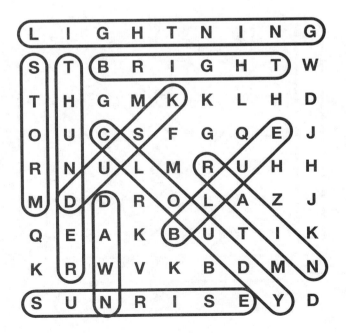

```
L I G H T N I N G
S T B R I G H T W
T H G M K K L H D
O U C S F G Q E J
R N U L M R U H H
M D D R O L A Z J
Q E A K B U T I K
K R W V K B D M N
S U N R I S E Y D
```

Changing Seasons

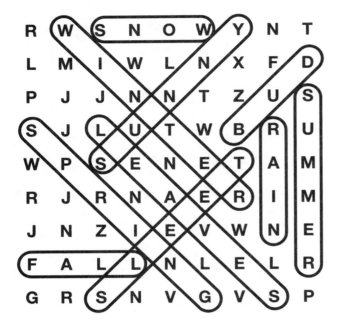

```
R  W  S  N  O  W  Y  N  T
L  M  I  W  L  N  X  F  D
P  J  J  N  N  T  Z  U  S
S  J  L  U  T  W  B  R  U
W  P  S  E  N  E  T  A  M
R  J  R  N  A  E  R  I  M
J  N  Z  I  E  V  W  N  E
F  A  L  L  N  L  E  L  R
G  R  S  N  V  G  V  S  P
```

Colors

```
N  B  M  P  I  N  K  K  W
Q  Z  R  V  Z  C  J  O  M
P  G  C  O  A  B  L  U  E
Z  R  P  L  W  L  N  G  L
L  E  B  U  E  N  N  J  E
Y  E  K  Y  R  A  L  T  H
Z  N  L  M  R  P  I  P  R
N  T  V  O  L  H  L  T  E
F  M  X  M  W  R  D  E  D
```

Countries

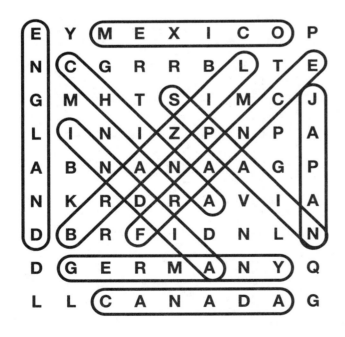

```
E  Y  M  E  X  I  C  O  P
N  C  G  R  R  B  L  T  E
G  M  H  T  S  I  M  C  J
L  I  N  I  Z  P  N  P  A
A  B  N  A  N  A  A  G  P
N  K  R  D  R  A  V  I  A
D  B  R  F  I  D  N  L  N
D  G  E  R  M  A  N  Y  Q
L  L  C  A  N  A  D  A  G
```

Different Shapes and Sizes

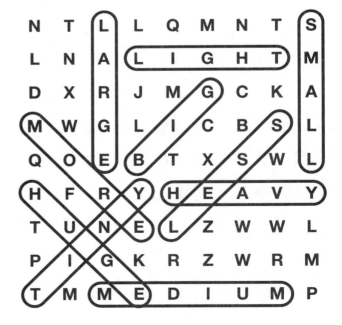

```
N  T  L  L  Q  M  N  T  S
L  N  A  L  I  G  H  T  M
D  X  R  J  M  G  C  K  A
M  W  G  L  I  C  B  S  L
Q  O  E  B  T  X  S  W  L
H  F  R  Y  H  E  A  V  Y
T  U  N  E  L  Z  W  W  L
P  I  G  K  R  Z  W  R  M
T  M  M  E  D  I  U  M  P
```

54

Draw Something Fun

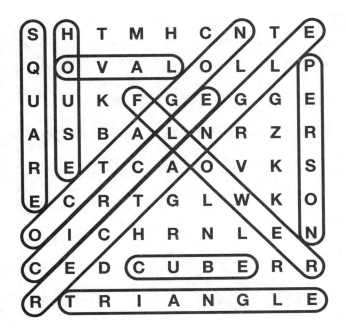

Eat Your Veggies!

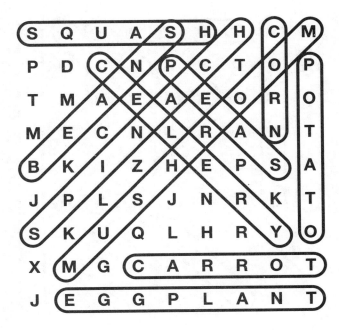

Field Games

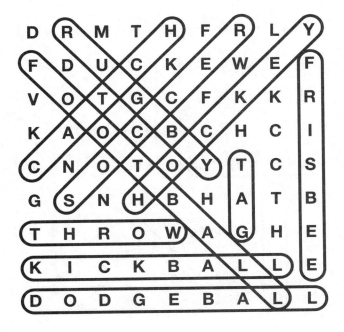

Fish

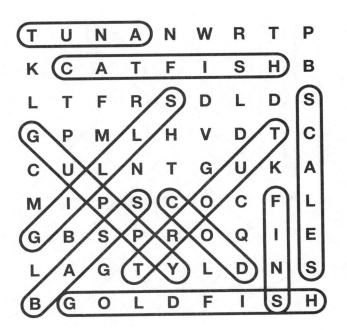

Flowers

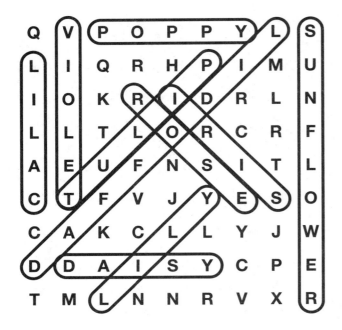

```
Q V P O P P Y L S
L I Q R H P I M U
L O K R I D R L N
L L T L O R C R F
A E U F N S I T L
C T F V J Y E S O
C A K C L L Y J W
D D A I S Y C P E
T M L N N R V X R
```

Fourth of July

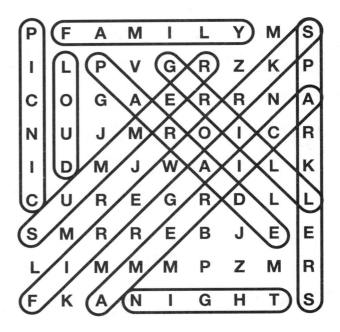

```
P F A M I L Y M S
I L P V G R Z K P
C O G A E R R N A
N U J M R O I C R
I D M J W A I L K
C U R E G R D L L
S M R R E B J E E
L I M M M P Z M R
F K A N I G H T S
```

Fun and Silly Patterns

```
S P B N K T D J Q
W L S F L I N R V
I A M T L I E K F
R I Z O R K N A N
L D S I C I R E T
Y G K E G B P Q S
B L H T E Z T E J
G C W Z S T A M P
D O T T E D K G L
```

Fun Things to Do

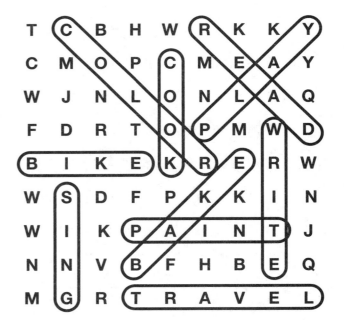

```
T C B H W R K K Y
C M O P C M E A Y
W J N L O N L A Q
F D R T O P M W D
B I K E K R E R W
W S D F P K K I N
W I K P A I N T J
N N V B F H B E Q
M G R T R A V E L
```

Gardening Tools

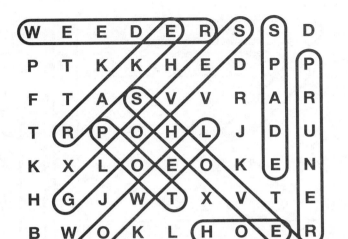

```
W E E D E R S S D
P T K K H E D P P
F T A S V V R A R
T R P O H L J D U
K X L O E O K E N
H G J W T X V T E
B W O K L H O E R
L R M K L V Q K L
T X S H E A R S T
```

Getting Dressed

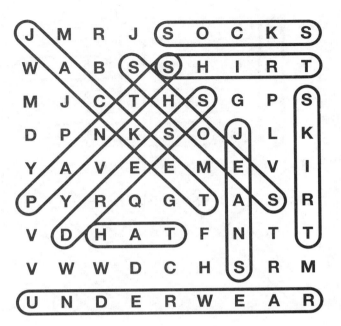

```
J M R J S O C K S
W A B S S H I R T
M J C T H S G P S
D P N K S O J L K
Y A V E E M E V I
P Y R Q G T A S R
V D H A T F N T T
V W W D C H S R M
U N D E R W E A R
```

Halloween

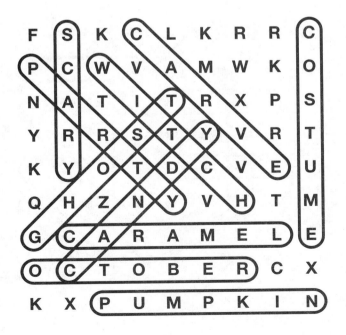

```
F S K C L K R R C
P C W V A M W K O
N A T I T R X P S
Y R R S T Y V R T
K Y O T D C V E U
Q H Z N Y V H T M
G C A R A M E L E
O C T O B E R C X
K X P U M P K I N
```

It's a Smelly World!

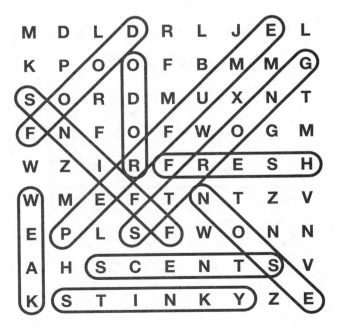

```
M D L D R L J E L
K P O O F B M M G
S O R D M U X N T
F N F O F W O G M
W Z I R F R E S H
M E F T N T Z V
E P L S F W O N N
A H S C E N T S V
K S T I N K Y Z E
```

Keeping the House Clean

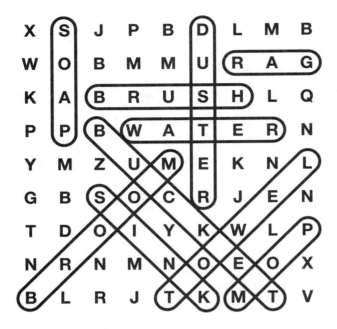

```
X  S  J  P  B  D  L  M  B
W  O  B  M  M  U  R  A  G
K  A  B  R  U  S  H  L  Q
P  P  B  W  A  T  E  R  N
Y  M  Z  U  M  E  K  N  L
G  B  S  O  C  R  J  E  N
T  D  O  I  Y  K  W  L  P
N  R  N  M  N  O  E  O  X
B  L  R  J  T  K  M  T  V
```

Languages

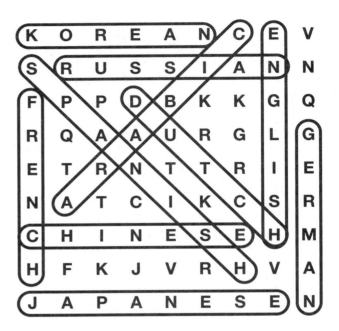

```
K  O  R  E  A  N  C  E  V
S  R  U  S  S  I  A  N  N
F  P  P  D  B  K  K  G  Q
R  Q  A  A  U  R  G  L  G
E  T  R  N  T  T  R  I  E
N  A  T  C  I  K  C  S  R
C  H  I  N  E  S  E  H  M
H  F  K  J  V  R  H  V  A
J  A  P  A  N  E  S  E  N
```

Let's Go Swimming

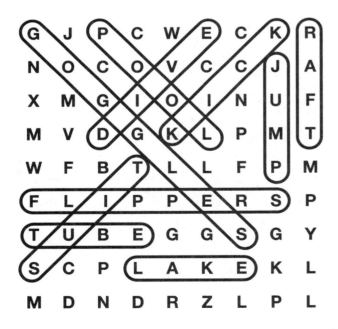

```
G  J  P  C  W  E  C  K  R
N  O  C  O  V  C  C  J  A
X  M  G  I  O  I  N  U  F
M  V  D  G  K  L  P  M  T
W  F  B  T  L  L  F  P  M
F  L  I  P  P  E  R  S  P
T  U  B  E  G  G  S  G  Y
S  C  P  L  A  K  E  K  L
M  D  N  D  R  Z  L  P  L
```

Let's Keep Fit!

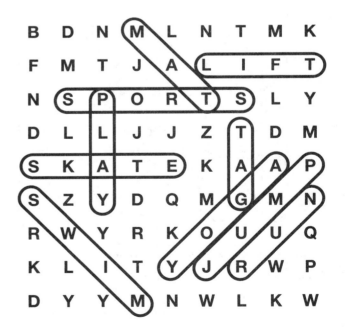

```
B  D  N  M  L  N  T  M  K
F  M  T  J  A  L  I  F  T
N  S  P  O  R  T  S  L  Y
D  L  L  J  J  Z  T  D  M
S  K  A  T  E  K  A  A  P
S  Z  Y  D  Q  M  G  M  N
R  W  Y  R  K  O  U  U  Q
K  L  I  T  Y  J  R  W  P
D  Y  Y  M  N  W  L  K  W
```

Mammals Don't Lay Eggs!

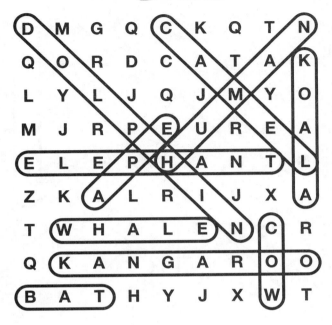

```
D M G Q   C K Q T N
Q O R D C A T A K
L Y L J Q J M Y O
M J R P E U R E A
E L E P H A N T L
Z K A L R I J X A
T W H A L E N C R
Q K A N G A R O O
B A T H Y J X W T
```

Musical Instruments

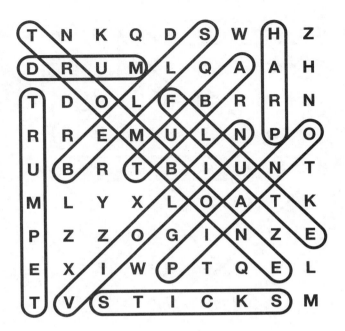

```
T N K Q D S W H Z
D R U M L Q A A H
T D O L F B R R N
R R E M U L N P O
U B R T B I U N T
M L Y X L O A T K
P Z Z O G I N Z E
E X I W P T Q E L
T V S T I C K S M
```

My Calendar

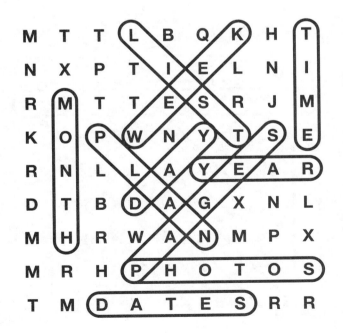

```
M T T L B Q K H T
N X P T I E L N I
R M T T E S R J M
K O P W N Y T S E
R N L L A Y E A R
D T B D A G X N L
M H R W A N M P X
M R H P H O T O S
T M D A T E S R R
```

Nature Hike

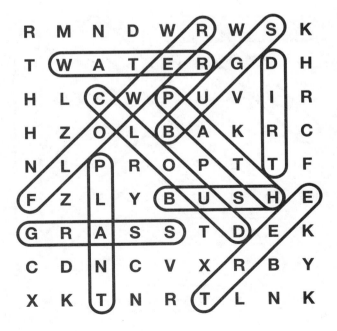

```
R M N D W R W S K
T W A T E R G D H
H L C W P U V I R
H Z O L B A K R C
N L P R O P T T F
F Z L Y B U S H E
G R A S S T D E K
C D N C V X R B Y
X K T N R T L N K
```

Outer Space

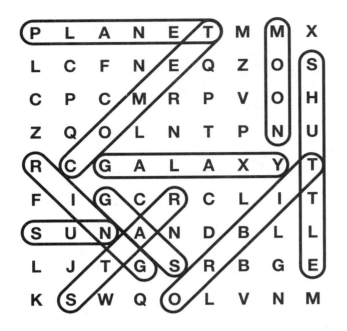

Pets

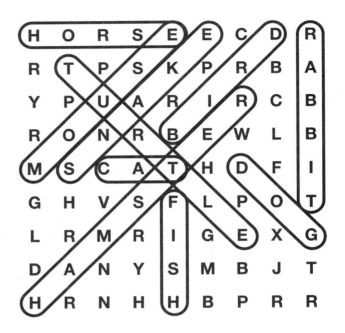

Planet Earth

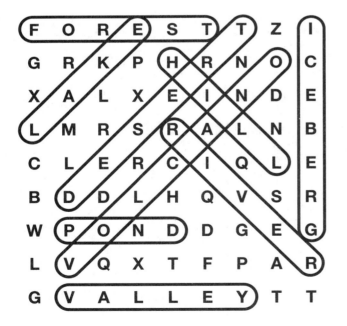

Play Date

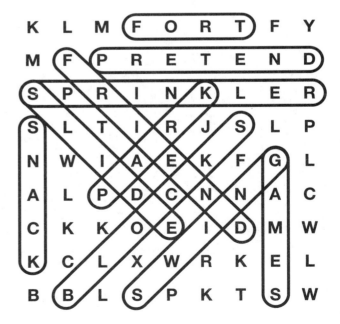

Reading

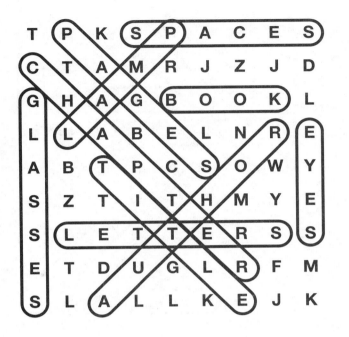

```
T  P  K  S  P  A  C  E  S
C  T  A  M  R  J  Z  J  D
G  H  A  G  B  O  O  K  L
G  L  A  B  E  L  N  R  E
A  B  T  P  C  S  O  W  Y
S  Z  T  I  T  H  M  Y  E
S  L  E  T  T  E  R  S  S
E  T  D  U  G  L  R  F  M
S  L  A  L  L  K  E  J  K
```

School Day

```
C  L  I  B  R  A  R  Y  T
L  L  L  M  N  X  Y  R  S
T  D  A  U  R  D  A  S  C
K  E  C  S  N  N  E  T  R
F  S  A  I  S  C  W  T  D
Y  K  L  C  E  R  H  G  M
Z  R  B  R  H  B  O  Y  K
F  L  V  V  V  E  G  O  N
K  V  C  H  A  I  R  R  M
```

Sew Something Special

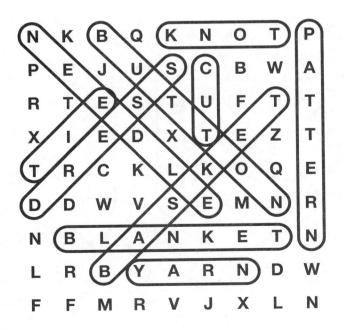

```
N  K  B  Q  K  N  O  T  P
P  E  J  U  S  C  B  W  A
R  T  E  S  T  U  F  T  T
X  I  E  D  X  T  E  Z  T
T  R  C  K  L  K  O  Q  E
D  D  W  V  S  E  M  N  R
N  B  L  A  N  K  E  T  N
L  R  B  Y  A  R  N  D  W
F  F  M  R  V  J  X  L  N
```

St. Patrick's Day

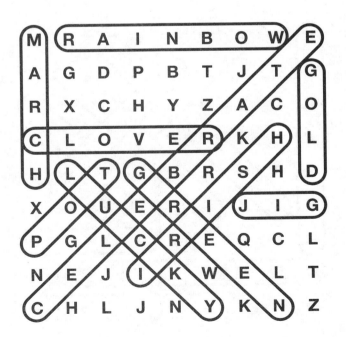

```
M  R  A  I  N  B  O  W  E
A  G  D  P  B  T  J  T  G
R  X  C  H  Y  Z  A  C  O
C  L  O  V  E  R  K  H  L
H  L  T  G  B  R  S  H  D
X  O  U  E  R  I  J  I  G
P  G  L  C  R  E  Q  C  L
N  E  J  I  K  W  E  L  T
C  H  L  J  N  Y  K  N  Z
```

States We Live In

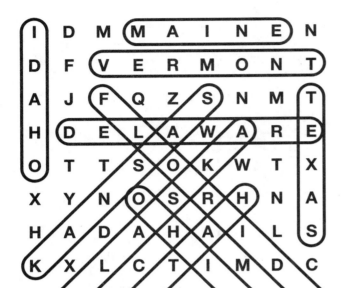

I	D	M	M	A	I	N	E	N
D	F	V	E	R	M	O	N	T
A	J	F	Q	Z	S	N	M	T
H	D	E	L	A	W	A	R	E
O	T	T	S	O	K	W	T	X
X	Y	N	O	S	R	H	N	A
H	A	D	A	H	A	I	L	S
K	X	L	C	T	I	M	D	C
M	A	X	U	Y	Q	O	T	A

Taking the Dog Out

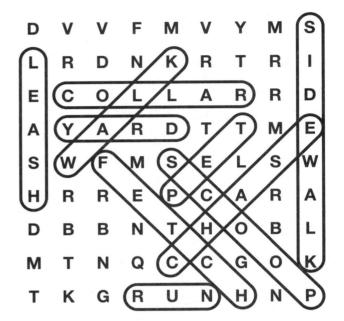

D	V	V	F	M	V	Y	M	S
L	R	D	N	K	R	T	R	I
E	C	O	L	L	A	R	R	D
A	Y	A	R	D	T	T	M	E
S	W	F	M	S	E	L	S	W
H	R	R	E	P	C	A	R	A
D	B	B	N	T	H	O	B	L
M	T	N	Q	C	C	G	O	K
T	K	G	R	U	N	H	N	P

Technology

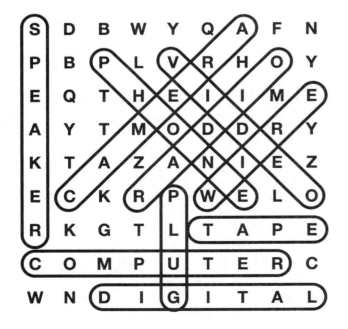

S	D	B	W	Y	Q	A	F	N
P	B	P	L	V	R	H	O	Y
E	Q	T	H	E	I	I	M	E
A	Y	T	M	O	D	D	R	Y
K	T	A	Z	A	N	I	E	Z
E	C	K	R	P	W	E	L	O
R	K	G	T	L	T	A	P	E
C	O	M	P	U	T	E	R	C
W	N	D	I	G	I	T	A	L

The Swamp

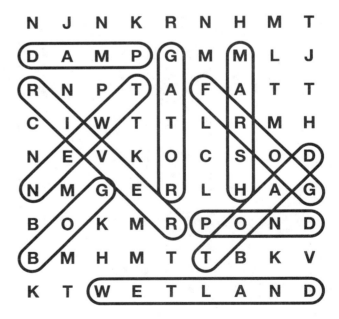

N	J	N	K	R	N	H	M	T
D	A	M	P	G	M	M	L	J
R	N	P	T	A	F	A	T	T
C	I	W	T	T	L	R	M	H
N	E	V	K	O	C	S	O	D
N	M	G	E	R	L	H	A	G
B	O	K	M	R	P	O	N	D
B	M	H	M	T	T	B	K	V
K	T	W	E	T	L	A	N	D

62

Thirsty for a Drink

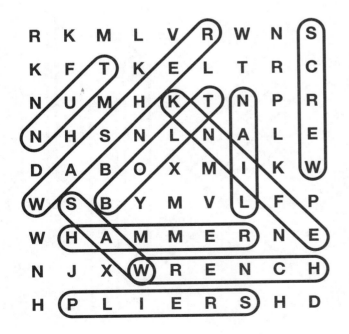

```
V Z S H A K E V W
L N K G C X L K S
J E J H I X N M T
S C M M W E F I I R
R O L O Z A A L R
T Q D O N E T K R
T N R A T A N E R
F F V L M D D H R
B R R J U I C E C
```

Time to Paint

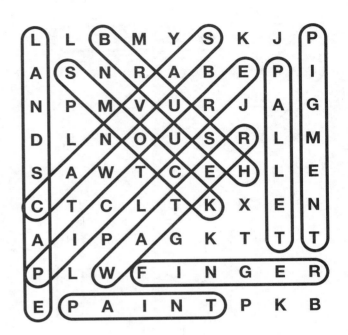

```
L L B M Y S K J P
A S N R A B E P I
N P M V U R J A G
D L N O U S R L M
S A W T C E H L E
C T C L T K X E N
A I P A G K T T T
P L W F I N G E R
E P A I N T P K B
```

Tools

```
R K M L V R W N S
K F T K E L T R C
N U M H K T N P R
N H S N L N A L E
D A B O X M I K W
W S B Y M V L F P
W H A M M E R N E
N J X W R E N C H
H P L I E R S H D
```

Valentine's Day

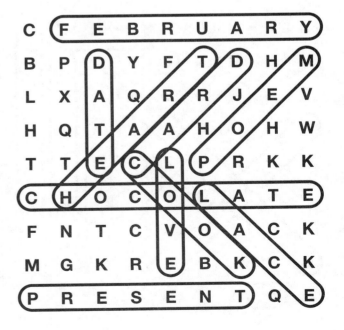

```
C F E B R U A R Y
B P D Y F T D H M
L X A Q R R J E V
H Q T A A H O H W
T T E C L P R K K
C H O C O L A T E
F N T C V O A C K
M G K R E B K C K
P R E S E N T Q E
```

Ways to Measure

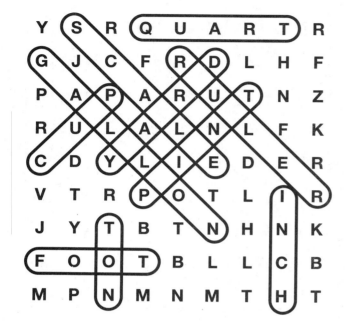

```
Y S R Q U A R T R
G J C F R D L H F
P A P A R U T N Z
R U L A L N L F K
C D Y L I E D E R
V T R P O T L I R
J Y T B T N H N K
F O O T B L L C B
M P N M N M T H T
```

Wild Animals

```
J X T P B W O L F
C Y F O X I H M R
M T H M N Z S E X
Q T L I K Z G O B
T T R L P I B T N
L D E Y T P K L R
R E J Z J E O I Y
B E A R P M M O L
R R K A P R P N L
```

Writing

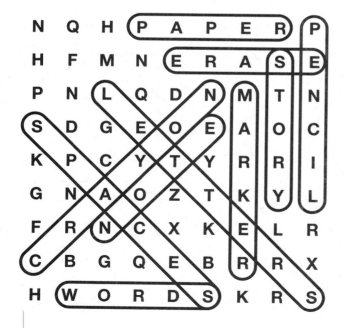

```
N Q H P A P E R P
H F M N E R A S E
P N L Q D N M T N
S D G E O E A O C
K P C Y T Y R R I
G N A O Z T K Y L
F R N C X K E L R
C B G Q E B R R X
H W O R D S K R S
```

Yummy Breakfast foods

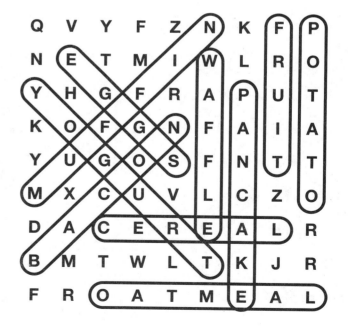

```
Q V Y F Z N K F P
N E T M I W L R O
Y H G F R A F U T
K O F G N F P I A
Y U G O S F A T T
M X C U V L N Z O
D A C E R E A L R
B M T W L T K J R
F R O A T M E A L
```